Liebeserklärungen an das Leben

Gedanken und Gedichte

Krista Heine

Impressum:

2021 © Copyright – Krista Heine
Autorin: Krista Heine
Hrsg.: Wolfgang Lorenz

Bibliografische Information der Deutschen Nationalbibliothek:
Die Deutsche Nationalbibliothek verzeichnet diese Publikation in der Deutschen Nationalbibliografie; detaillierte Daten sind abrufbar unter:
hhtp//dnb.dnb.de

TWENTYSIX
Eine Marke der Books on Demand GmbH
Herstellung und Verlag:
BoD - Books on Demand, Norderstedt

ISBN: 978 3 740 78227 6

Vorwort:

„Kleine und große Begebenheiten, Begegnungen mit Menschen, Worte, die mich berührten, waren mir oft Anlass für Gedichte und sind es noch.
In zurückliegenden Zeiten habe ich häufig gemalt, gezeichnet und fotografiert, was mir bemerkenswert erschien.
Heute entstehen die Bilder zunehmend innen. Ich sammle die lyrischen Aufzeichnungen in meinen 'Erinnerungs-Alben', die ich gerne mit lieben Freundinnen und Freunden teile.
Mögen meine lyrischen Skizzen einen Widerhall der Heiterkeit, der Freude oder des Nachdenkens bei meinen Leserinnen und Lesern erwecken."

So bescheiden, zurückhaltend und gefühlvoll beschreibt sich die Autorin dieser Gedichte selbst.
Worte wie Hass und Gewalt fehlen in ihrem Vokabular.
Selbst für Zeitgenossen, die ihr Leid zugefügt haben, sucht sie in ihrem Herzen nach Empathie.

Krista Heine wurde in Berlin geboren und kam nach einem halben Leben auch wieder zurück in die Stadt, wo immer noch ihr Zuhause ist.

Für mich ist Krista Heine wahrhaft eine
                                  Perle Berliner Lyrik.

                     Wolfgang Lorenz

6

Alles im Leben hat seine Zeit

Alles im Leben hat seine Zeit

Alles im Leben hat seine Zeit,
das Singen, das Lachen, das Schweigen.
Verweilen und Wandern hat seine Zeit,
das Trauern und auch die Heiterkeit.
Und einmal da endet der Reigen.

Ach, Fremdlinge sind wir und Wanderer nur
zwischen diesen und anderen Welten.
Wir hinterlassen flüchtige Spur,
vergänglich wie Gras auf herbstlicher Flur.
Und wenig wird dauerhaft gelten.

Alles im Leben hat seine Zeit:
Beisammensein, Fröhlichkeit, Singen.
Ich wünsche mir, ich könnte so
ein Lied zum Klingen bringen.
Ein Lied, das eure Herzen froh
sein lässt, möcht ich euch schenken.
Und wenn ihr singt und fröhlich seid,
dann wollet an mich denken!

Mittagshöhe des Lebens

Mittagshöhe des Lebens:
Aufatmend halte ich inne,
auf Erlebnis, Erfahrnes
rückschauend mich besinne.

Unerfüllte Träume,
Illusion vom Glück
lasse ich heitren Herzens
hinter mir zurück.

Ich lernte mich zu freuen
an des Alltags bescheidenen Gaben,
an der Schönheit des Kleinen
lächelnd mich zu laben.

Auf menschliche Versprechen
mich nimmer zu verlassen,
doch für sein Versagen
niemanden zu hassen.

Die Pflicht zu tun mit Freude,
und vor mir selbst bestehen.
Vertrauensvoll, unerschrocken
den eignen Weg zu gehen.

Erinnerung an einen lieben Besuch

Ein neues Brot gebacken habend,
(Riecht Ihr das nicht dort in Berlin?)
und an Erinnerung mich labend,
von der ich noch erheitert bin
        an die vergnügten, frohen Stunden,
        da wir uns hier im Rhume-Tal
        am Tisch beim Tee zusammenfanden
        nach manchem Jahr zum ersten Mal --
Reit` ich das Musenross mal wieder,
(es wird allmählich steif im Stall)
und hoffe, dass ich eins der Lieder,
das passen mag für diesen Fall,
        voll Witz, zu unser aller Freude
        erhaschen kann zur Herbsteszeit,
        das Dich und mich und Euch zwei Beide
        ergötzen mag mit Heiterkeit.
Die Sonne auf der Jahresleiter
steigt rasch hinab zum tiefsten Stand.
Noch leuchten uns die Tage heiter
in Lichtblau, Gold und Purpurbrand.
        Und auch die Stunden stiller Freude,
        die wir erlebt an diesem Tag,
        sie strahlen in das Hier und Heute
        und mildern manches Ungemach.
Man schaut nach vorn (nicht ohne Bangen)
und tut auch manchen Blick zurück,
gedenkt der Jahre, die vergangen,
die Sorgen brachten und auch Glück.
        Die vielen Wünsche, die wir hegten!
        Nicht alle haben sich erfüllt,
        die glühend einst das Herz bewegten;
        manch Sehnen blieb uns unerfüllt.

11

Zergangen sind uns viele Träume
von dem, was man so sehr gesucht.
Der Hoffnung pflanzt man viele Bäume,
doch längst nicht alle trugen Frucht.
    Und schließlich gibt man sich zufrieden,
    bedankt sich still für jeden Tag,
    der frei von Feindschaft und in Frieden
    und ohne Schmerzen gehen mag.
Nun wollt ich ja was Heitres singen.
Doch mag die späte Jahreszeit
das Herz eröffnen ernsten Dingen
mit Andacht und Besinnlichkeit.
    Du weißt, was Mutter immer sagte,
    wenn man zu Vieles hat begehrt,
    was unerreichbar war, beklagte,
    das uns das Schicksal hat verwehrt:
„Bedenke, Kind, zu diesem Leben
gehört auch die Genügsamkeit.
Man lernt es, sich zufrieden geben
in Demut und Bescheidenheit.
    Genieß des Lebens gute Gaben,
    und lache, dass es widerhallt,
    denn über einen Frohen haben
    die finstren Mächte nicht Gewalt!"
Wohl an, so lasst uns denn besingen
des Herbstes späte Rosenzeit,
und fröhlich sein vor allen Dingen
um das, was Leben hält bereit:
    Rot prangt das Laub am Baum dahinter,
    noch röter glüht der dunkle Wein.
    Schenkt ein, stoßt an und Trotz dem Winter!
Wir woll`n von Herzen fröhlich sein!

***

Lenz in Treptow
mit Nachtigallen, Jugend, voll im Leben

Die Nachtigall, sie kam zurück
aus ferner Winterfrische.
Nun lebt sie, ach, zu unserm Glück,
am Bahndamm im Gebüsche.

Sie residiert, wer hätt`s gedacht,
am Bahnhof Schöneweide.
Sie singt und schluchzt bei Tag und Nacht,
zu unser aller Freude.

Gegrüßt seist du, o Sängerin,
du Philomele, zart und hold!
Dich hindert nicht das Her und Hin,
nicht Lärm, Getümmel – mittendrin
ertönt dein Lied, so klar, wie Gold,
ob der Verkehr auch rollt!

Und sieh, der Lenz beschenkt uns dann,
zum täglichen Entzücken,
mit manchem Anblick angetan,
das Herze zu beglücken:

Die schönen Männer, jung und stark,
zumal in halben Hosen,
die Waden stramm und voller Mark,
vom Radeln und vom Lauf im Park –
und tätowiert mit Rosen!

Die jungen Frauen, wie sie gehen
so blumenbunt gekleidet,
sie sind bezaubernd anzusehn,
lieblich wie Elfen, zart und schön!
Dran sich mein Auge weidet!

13

Die neuen Kinder, zart und klein –
man fährt sie schon spazieren!
Die Mütter blicken heiter drein,
wie sie ihr Glück im Sonnenschein
der Mitwelt präsentieren!

Das ist ein wahrer Blumengarten,
so farbig, voller Vielfalt, reich!
Warum das Paradies erwarten?
Es liegt doch schon vor Augen Euch!

***

Sommer im Park

Ein Sonntag im Sommer, ringsum frisches Grün
und Menschen, die froh sind und heiter.
Sie feiern den Sommer, sie feiern das Licht
und sind einfach glücklich, nichts weiter.

Wie die Kinder spielen! Die Luft ist lau
und duftet nach Heilung und Freude.
War jemals der Himmel so hoch, so blau,
so unermesslich wie heute?

War jemals Winter und trübe Zeit?
Und Dunkelheit? – Alles zerronnen.
Nun lasst uns vergessen die Traurigkeit!
Der Sommer hat uns begonnen!

Ein Sonntag im Sommer, ringsum frisches Grün
und Menschen, die froh sind und heiter.
Und ein Kind, mit Haar wie Sonnenlicht.
Und glücklich sein. Nichts weiter.

Der Sommer ging

Der Sommer ging
und fortgenommen
ist alles Hoffen mir
aus meinem Innern.

Kühle und frühe Dämmerung fallen
mir schwer auf Stirn und Schultern.
Der Schein der winterlichen Sonne
ist kraftlos
ohne Wärme.

Es duftet überall
nach welkem Laub und Traurigkeit –
als wolle hinter diesem Winter
nie mehr das Licht
das Leben
und die Freude
auferstehen.

Doch aus dem feuchten braunen Acker
wächst hoffnungsgrün
das Brot des neuen Jahres
und an den Zweigen harren
in fester Hülle Blatt und Blüte

auf dass ein Frühling
sie vom Schlaf erwecke
ein ferner Sommer
Früchte reifen lasse.

Herbst

Das Laub
flammt rot und golden im Geäst.
Noch prunkt der Wald
geschmückt zum Sterbefest.

Ein Schwarm von großen Vögeln
zieht in Ruh
gelassenen Flügelschlags
dem fernen Süden zu.

Der harte Weg
klingt unterm Tritt
wie heller Trommelschlag:
Triumph dem Licht,
dem immer neuen Tag.

Triumph dem Leben dieser Erde
im ewigen Wechselspiel
von Stirb und Werde.

Oktober

Die Sonne auf der Jahresleiter
Steigt rasch hinab zum tiefsten Stand.
Noch leuchten uns die Tage heiter
in Lichtblau, Gold und Purpurbrand.

Zergangen sind die vielen Träume
Von dem, was man so sehr gesucht.
Der Hoffnung pflanzt man viele Bäume,
Doch längst nicht alle trugen Frucht.

Und dennoch lasset uns besingen
Des Herbstes späte Rosenzeit,
Und fröhlich sein vor allen Dingen,
Um das was Leben hält bereit:

Rot prangt das Laub am Baum dahinter,
Noch röter glüht der dunkle Wein.
Schenkt ein, stoßt an, und trotz dem Winter!
Wir wolln von Herzen fröhlich sein!

November

Sommers Gold und Herbstes Fülle
Sind dahin, schwach nur die Sonnen-
Kraft, und Nebel naht und Kühle.
Der November hat begonnen.

Diese Zeit – nicht Herbst noch Winter –
birgt in sich die Kraft der Stille.
Und es wächst, was nach dem Winter
strahlen wird in dunkler Hülle

In dem Dunkel reift verborgen,
was im Frühling drängt zum Licht.
Lasst das Trauern, lasst das Sorgen,
Winter ist das Ende nicht.

Aus dem Dunkel lodern Flammen,
aus der Tiefe Freude bricht.
Freunde, lasset uns zusammen
Feiern Leben, Liebe, Licht.

Für Annelies

Was bleibt uns, was verrinnt?

Das Leben – ewig JETZT – ein Augenblick.

Wer kann uns sagen, wer und was wir sind?
Wir sind wir im Leid, in Freude, Schmerz, im Glück –

doch immer das, was wir seit ewig sind:
Alleine das, was von uns bliebe –

nur Sternenstaub . . .

. . . Sternenstaub und Liebe.

Zu Ostern

Der Frühling naht mit Rasenmäher,
man ist beschäftigt und vergnügt.
Die warmen Tage rücken näher,
der Winter endlich scheint besiegt!

Die Amseln sind ganz früh am singen,
Sperlinge werkeln an den Nestern.
Der Lenz wird endlich Wärme bringen,
und Winterzeit ist Schnee von gestern!

Die Knospen sind so dick und prall,
sie werden unverzüglich platzen
mit einem unerhörten Knall.
Im Eibendickicht lärmen Spatzen.

Auch die Terrasse wird befreit
von Winterstaub und Spinngeweben.
Zum Frühlingsputz ist es nun Zeit,
endlich beginnt das Garten-Leben.

Allüberall Geschäftigkeit:
Der Siedler harkt das Laub zu Haufen.
Der Garten strahlt im Frühlingskleid,
die Hühner dürfen draußen laufen.

Geliebter Frühling, sei willkommen!
Wir warten voller Sehnsucht schon
auf deine Ankunft, deine Wonnen,
auf Meisen-, Finken-, Staren-Ton!

Dein Kommen freut uns immer wieder!
Schenk Freuden, große und kleine!
Genießen wir die Zeit der Lieder!
Es grüßt Euch Nachbarn – Krista Heine.

Ostern 2021 mit Uwe und Marion

Bei Uwe und bei Marion
da ist es lieblich weilen.
So wollen wir – wie öfter schon
bei Kaffee, Kuchen, Plauderton
diesen Nachmittag teilen.

Das Wetter sei nun wie es sei,
ob sonnig, Graupelschauer:
Wir sind gern alle mit dabei,
im Deutschtal sind wir froh und frei.
Kein Anlass ist für Trauer.
  Und kann nicht im Garten sein,
  zu suchen Ostereier:
  Der Wintergarten hübsch und fein
  lädt uns schon ein, dort froh zu sein
  bei unsrer Osterfeier!
Ein Jahr tobt jetzt die Pandemie
auf unsrer schönen Erde.
Wir sind sie wirklich leid – und wie!
Die Hoffnung aber schwindet nie,
dass es doch besser werde.
  Der Frühling naht sich, trotz Lock-down
  und Wetterkapriolen.
  April mag auf die Pauke haun –
  heiter sind Männer hier und Fraun:
  Lenz naht auf leisen Sohlen.
Und wie er naht! Es mögen schon
die Graupelschauer dräuen!
Bei Uwe und bei Marion
vernimmt man leisen Amselton!
Drum wollen wir uns freuen.

Heimkehr aus der Fremde

So an die vierzig Jahre war
ich im Exil in Hessen,
auch in Westfalen ein, zwei Jahr,
zuletzt in Niedersachsen gar.
Berlin hab ich nie vergessen.
      Jetzt endlich kehrte ich zurück.
      Berlin, du hast mich wieder!
      Berliner Luft ist ein Elik-
      ein Elixier. Und mein Geschick
      das führte mich hierher zum Glück
      und wärmt mir alle Glieder.
Nun also zog ich wieder ein
in unsre Streusandbüchse.
Es kann doch nirgends schöner sein,
am Müggelsee, im Humboldthain,
und Spree und Havel mittendrein –
von Herzen liebe ick se!
      Es lüstet mich nach manchem Jahr
      mal wieder chörig singen!
      Ich suchte, fand die Sängerschar,
      die frohe von „Pro musica".
      Und ach, wie ist es wunderbar,
      wenn schöne Lieder klingen!
So langsam schlag ich Wurzeln hier,
wenn auch zunächst nur kleine.
Ich fühl mich wohl in dem Quartier,
Musica öffnet manche Tür –
Ich sage Euch: Ick freue mir
von Herzen! Krista Heine.

Hymne an die neue Heimstatt

Mein oller Stecken Pegasus
Scharrt wieder mit den Hufen.
Er stand zu lang in Finsternus,
Doch mit der Dusternis ist Schluss!
Ein Anstoß kam, der kommen muss –
Und der kam wie gerufen!
      Anlass: Ein Umzug (wieder mal)
      Nun in die Solitüde!
      Es zog mich nach Johannisthal.
      Doch weit und breit sieht man kein Tal.
      Das Herrengut: Es war einmal.
      Ich bin des Wanderns müde.
Es grünt so grün – in einem fort.
Das Wohnhaus ist nun Platte,
Doch war der Ort einst Luftkurort,
mit feinen Häusern hier und dort,
und Ländlichkeit, mein Ehrenwort!
Wo´s reiche Bürger hatte.
      Johannisthal: einst gab es hier
      Ein großes Fluggelände.
      Von Werkzeughallen stehn noch vier
      Und hier hat mancher Pionier
      Selbst konstruiert sein Drachentier,
      Und zwar „mit eigne Hände"!
Sie stiegen auf in luft´ge Höh´n
in ihren Klapperkisten.
Viel Akrobatik gab´s zu sehn.
Den Hals brach mancher, ´s war nicht schön!
Der Ruhm dahin – wie nie gescheh´n.
Und das Gras wächst auf den Pisten.
      In Johannisthal da wohn ich nun
      und hoffentlich noch lange.
      Vom Umziehn wünsch ich auszuruhn.
      Es gibt viel Besseres zu tun
      als olle Klamotten in Kisten zu tun.
      Mir ist um die Zukunft nicht bange.

24

Kriegs- und Nachkriegsjahre

Kindheit & Jugend

Kindererziehung – oder „Das Lied vom Außenseiter"

Ach Kind, nun sei nicht so zach,
und heul nicht immerzu!
Kein Kind rundum ist gar so schwach
und weinerlich wie du!
      Du musst recht *zackig* sein und schnell!
      Vor allem rat ich dir:
      Verschaffe dir ein *dickes Fell*,
      das braucht man nämlich hier!

So viele Kinder lobt man sehr,
die folgsam sind dabei:
Die essen flink den Teller leer
voll Suppe oder Brei –
      weswegen sie auch kräftig sind!
      Wir wären augenblicklich,
      wärst du ein solches Musterkind,
      so recht von Herzen glücklich.

Und was die alles können schon,
die wunderbaren Kinder!
Nur *du* bist leider – uns zum Hohn –
Ein echter Langsam-Zünder!
      Denn was betrifft die Schnelligkeit:
      Da hapert es vor allem.
      Ach, wenn du flink wärst und gescheit,
      das würde uns gefallen!

          >>>

27

Dass du so scheu und schüchtern bist
und ohne Dreistigkeit!
Schau andre an, die bringen es
im Leben einmal weit!
    Wer *langsam* isst und schafft und spricht,
    gereicht uns sehr zur Schande!
    So jemand lahmes passet nicht
    zu unsrem fleis'gen Lande.

Zusammennehmen! Disziplin!
So heißt die erste Tugend.
Schon König Friedrich in Berlin
übt das seit früher Jugend.
    Beharrlich widersteht das Kind
    der elterlichen Mühung,
    die darob voll Enttäuschung sind,
    misslang doch die Erziehung.

„Du Egoist, du Eigensinn"
hört man die Eltern zanken.
„Für unsre Mühe wirst du uns
dereinst auf Knien danken!"
    Auf gibt man endlich resigniert,
    es hilft ja doch nichts weiter.
    Das Kind? Wird niemals etabliert,
    und bleibt ein *Außenseiter.*

***

Lebenslauf

Ein Mensch, den diese Welt gebar
zu einem guten Elternpaar,
man liebt ihn und man hat ihn gerne
und sorgt dafür, dass er was lerne.

Er lernt und strebt für lange Zeit,
bis eines Tages er bereit,
verlässt das sichre Elternhaus
und wagt sich in die Welt hinaus.

Er tritt – wie man so sagt – ins Leben,
bereit, sich selber einzubringen,
sein Bestes und auch mehr zu geben
und um das Gute stets zu ringen.

Er gürtet sich mit Lieb und Treue,
mit Selbstvertraun und Tapferkeit,
dazu ein wenig Witz und Schläue,
die braucht man auch von Zeit zu Zeit.

Hoffnung im Ranzen dient als Zehrung,
Geduld, Ausdauer sind die Schuh.
So sucht er tapfer die Bewährung
und strebt dem fernen Ziele zu.

Das Schicksal packt ihn am Schlawittel
und türmt ihm manches Hindernis:
Bald stellt's ein Bein und kürzt die Mittel.
Oft wandert er in Finsternis.

>>>

Der Mensch kämpft tapfer, wie ein Krieger,
verliert doch beinah jede Schlacht.
Das Schicksal bleibt am Ende Sieger
und hat ihn wieder ausgelacht.

Das Gute in der Welt, das Echte,
wofür er kämpft, weil es sich lohnt,
ist, wie er überzeugt, das Rechte.
Er hat die Kräfte nicht geschont.

Den Kürzren zieht er immer wieder,
erstarkt, auch wenn er unterliegt.
Das Schicksal ringt ihn nicht mehr nieder:
Er hat sich endlich selbst besiegt.

***

Der Buchfink – Kriegsmai 1944

Der Buchfink hat gesungen
im maienhellen Wald.
All Winterleid verklungen
und ringsum tönt und hallt
    der Wald vor lauter Freude
    als gäb`s nicht Leid noch Krieg.
    Der Vater heimgekommen!
    Und aller Kummer schwieg.

Und ich im hellen Kleide
ging still an seiner Hand.
Viel weiße Blumen blühten
am grünen Wegesrand.
    Die lichten Buchen standen
    so feierlich vertraut.
    Es wurde schöner nie ein Dom
    von Menschenhand gebaut.

Ach Vater, sag, wer singt da
hoch oben im Geäst?
Mein Kind, das ist der Buchfink,
der baute dort sein Nest.
    Aus fernem Lande zog er
    ins Heimatland zurück.
    Er freut sich hier des Frühlings
    und singt vor lauter Glück.

Viel heitre Sommer gingen,
und viele Winter kalt.
Des Vaters liebe Stimme
ist lange schon verhallt.
    Wie fühl ich mich geborgen,
    in sichrem Aufenthalt,
    hör ich den Buchfink singen
    im maienhellen Wald.

Wenn leis der Abendwind

Wenn leis der Abendwind mir Stirn und Wange
liebkost und streichelt, mild wie Mutters Hand,
gedenke ich der Zeit, die lange
hinabgeglitten ist ins Kinderland.

Wenn sacht die Bäume mit den Zweigen rauschen,
eindringlich flüstern immerfort,
ist mir, als würd ich wieder lauschen
wie einst dem gütigen Vaterwort.

Da war die Welt so unermesslich,
die Sorge fern, ich selber klein.
Ach, einmal werd ich – unvergesslich –
in diesem Schutz geborgen sein.

Bis nichts mehr schmerzt

Wem sprechen
von Freude
von Schmerz?

Der Mensch
hat für den Menschen
nicht Herz
nicht Ohr
nicht Zeit.

Briefe ohne Antwort:
Kiesel
die in einen grundlosen Brunnen
fallen.

Also Exil:
Dem Wald
den Wolken
den Winden
sprechen.

Alles
was in die Seele dringt,
wie die Muschel
mit Perlmutterschichten
umhüllen
rund und schimmernd
bis nichts mehr
schmerzt.

Gedanken an meinen Bruder

Zum Geburtstag – für meinen Bruder (1944)

An einem frühen Sommermorgen,
ganz früh, noch vor dem Hahnenschrei,
kam fern von Krieg und Angst und Sorgen
ein Brüderchen herbei.

Das Bübchen kam fast ohne Schmerzen.
Großmutter hört den ersten Schrei.
Sie badet es und macht sein Bettchen.
Und Mutter lächelte dabei.

Viel rote Rosen aus dem Garten
brach die Frau Doktor gleich zum Strauß,
der jungen Mutter aufzuwarten
im lichten Doktorhaus.

„Ein Sonntagskind!" ruft unter Tränen
und froh bewegt die Mutter aus.
„Das sagt uns: Glück und Heil und Segen
wohn` stets in seinem Haus!"

>>>

Die kleine Schwester voll Entzücken
bestaunt das neue Menschenkind.
Das ist viel eher zum beglücken
als alle Puppen sind!

Das Glück war leider nicht vollkommen,
der Vater war uns fern
im Krieg – und wollt viel lieber kommen
heim zur Familie gern.

Jedoch nach manchem Jahr und Tagen
war die Familie froh vereint.
Drum lasst uns danken und nicht klagen –
Das Schicksal hat es gut gemeint.

Gesegnet war Dein Weg hiernieden,
wie mütterlicher Wunsch vermag.
So sei auch weiter Dir beschieden
noch mancher Sonnentag.

***

Sommererinnerungen – für meinen Bruder

Weißt du noch, die Sommertage
in Johannisbeere drei?
Barfuss gehen ohne Plage,
Früchte naschen nebenbei.
    Wie der Rosenstrauch geblüht hat,
    aufgebunden am Spalier,
    das der Vater in der Werkstatt
    baute für Blütenzier!
Mutter kochte Marmeladen,
weckte Obst und Bohnen ein,
viele Wespen ungeladen,
stellten sich zum Naschen ein.
    Samstags feiern wir mit Gästen,
    Eintopf gibt`s und Käsekuchen.
    Und zu solchen heitren Festen
    kommt man Heines gern besuchen.
Denn der Garten spendet reichlich:
Obst, Gemüse, was er hat.
Und das Schmausen ist erfreulich.
Menschen, Vögel werden satt.
    Hinten auf den Kräuterbeeten
    sprießen Lauch und Petersil.
    Quecken muss man fleißig jäten,
    Dann gedeihn Liebstock und Kressen,
    Pflücksalat nicht zu vergessen,
    und noch Köstlichkeiten viel.
Gar der Kürbis auf dem Kompost
wird gemächlich rund und runder,
pünktlich ist er vor dem Herbstfrost
unser großes Gartenwunder.
    Mutter hat ihn kleingeschnitten,
    für Kompott, so köstlich gut,
    eingelegt mit Zimt und Nelken,
    in gesüßten Essigsud

Vater werkelt in der Werkstatt,
ist in seinem Element,
sägt und hämmert, bohrt und tischlert,
hat Ideen ohne End.
  Freunde bringen manches Gute,
  was noch tauget zum Gebrauch:
  In des Siedlers Gartenlaube
  nützt und erfreut es auch.
Seines Gartens Erntesegen
lockte Vatern zum Versuch,
ob ihm Wein gelingen möge.
Er beschafft sich drum ein Buch.
  Stachel- und Johannisbeeren
  gaben ihren herben Saft
  und das Büchlein tat ihn lehren,
  wie man Wein daraus erschafft.
Weinkulturen, Zucker, Hefe,
eine milde Temperatur,
Glasballon ganz dicht beim Ofen –
und den Rest macht die Natur
  Leise blubberts aus dem Rohr raus,
  ruhn muss alles, nicht geruckt!
  Vater schmeckt bereits im voraus
  seiner Mühen Endprodukt.
Und der Obstwein wurde köstlich,
schmeichelte den Kennerzungen,
Vater strahlte stolz und glücklich,
dass sein Werk so wohl gelungen!

Unbeschwerte Sommertage,
angefüllt mit Heiterkeit,
wenn die Freunde uns besuchten
aus des Vaters Jugendzeit,
  wenn beim abendlichen Feste
  aus den Kehlen froh und frisch
  Lieder tönten ernst und heiter
um den großen Kacheltisch!
Laute und Gitarre klangen,
bunt erglühten Lampions,
ewig junge Lieder sangen
alte Mädchen, alte Jongs!
  Abends dann beim Schein der Sterne
  zogen alle froh nach Haus.
  Wieder kamen alle gerne,
  auch bei Wetter und Gebraus.
Unsrer Kinderzeit Zaubergarten
war dies Stückchen Sommerglück.
Denkst du heute an die zarten
Düfte, Klänge noch zurück?
  Wie die Amseln morgens sangen,
  wie die Regentropfen klangen?
  Wie wir auf die Weisen lauschten,
  wenn im Wind die Blätter rauschten?
Wohl ist jene Zeit entschwunden.
Doch gedenken wir der Stunden,
an das Paradies, das Glück,
das wir auch in alten Tagen
  unverloren in uns tragen.
  Wenn in Träumen, in Gedanken
  wir den Eltern herzlich danken,
  kehren wir dahin zurück.

   ***

Für meinen Bruder, Mai 2021

Wie lang ist es her, dass ich dich auf den Armen tragen konnte?
Die Jahre sind nicht ohne Spur an uns vorbeigegangen.
So mancher Schauer ließ uns bangen,
doch strahlte häufig Sonnenschein, der uns besonnte.

Wie Vieles ging vorbei, und Neues hat begonnen.
Das ist des Lebens ewiges Wechselspiel.
Wir haben lang gelebt, zu reden gäb es viel.
Und weiter drehn sich Galaxien, Sterne, Sonnen ...

Das Schönste damals war in meinem jungen Leben:
ein richtiges, lebendiges Brüderchen zu haben,
begabt mit vielen staunenswerten Gaben.
Und ich durft ihm sogar manchmal das Fläschchen geben.

Vorbei die Zeit, da wir aus Nuckelflaschen tranken:
Jetzt darf es auch mal Rot- und Weißwein sein.
Zum heitren Anlass schenket fröhlich ein.
Lasst und noch viele Mal beisammen sein,
und lasst uns feiern und für die Genesung danken.

***

Liebe - Leben

&

Ischia

Für eines Herzschlags Dauer

Jäh für eines Herzschlags Dauer
hat mich blitzend jener Schmerz getroffen
den ich lange schon begraben glaubte:

Unvermutet trittst *du* mir entgegen –
Nein – ein Fremder mit der Liebsten.
Gehen Arm in Arm vorüber
lachen, plaudern unbekümmert.

Lange spüre ich den Nachhall der Begegnung,
lauschend auf den Nachtwind,
der ums Haus fährt.

Wie ein Nachen auf der Dünung
wieget sachte mich der Schlummer
und ich sinke

sinke
bis in die Geborgenheit
der unsichtbaren Tiefe

da kein Sturm
kein Schmerz
kein Leid
mich anrührt.

Tanz

Dörflicher Tanzsaal – draußen Sommerabend
und drinnen lärmende Musik.

Wir hielten schüchtern uns
fast körperlos im Tanz.
Und als dein Atem sanft das Haar mir streifte
und deiner Worte scheuer Klang
mich wie ein Mantel warm umgeben
da hörten Saal und Lärmen auf zu sein.
Nur du und ich
zwei Sterne hoch im All.

Augenblick

Der Saal mit seinen hochgewölbten Bogen,
er will nicht passen zu dem Lärm der Menge,
nicht zu des brandenden Gelächters Wogen
zwischen den Pfeilern, noch zum erhitzten Tanzgedränge

Du kamst herein. Geblendet von der Helle
verharrtest einen Augenblick du auf der Schwelle,
und strebtest dann hinüber zu den Kameraden,
die winkend dich zum Niedersetzen eingeladen.

Du setztest dich nicht gleich – wie zögernd noch
bliebst an die Wand gelehnt du sinnend stehen.
Die Augen ließest du wie träumend, doch
aufmerksam über die Gesichter gehen.

Da trafen unsre Blicke sich – nur einen Herzschlag lang
bis das Gewimmel eifersüchtig dich verschlang.
Wozu sind Worte noch erforderlich
wenn wir uns stumm verstehen, du und ich.

Isola d'Ischia

Mit dir
ist jeder Tag mir zum Geschenk geworden:
wie leuchtend waren Meer und Himmel,
wie loderten im Sonnenlicht
die Blütenflammen.

Südliche Wärme
ließ die Felsen gleißen
die Luft erfüllend
mit dem Würzhauch fremder Kräuter
und mit dem Schrillen der Zikaden.

Nächtens
der schwarze Himmel voller Sterne –
Unendlichkeiten
über unsern Häuptern.

Wenn die Gedanken dann
zu Worten wurden
Gespräche leise aus den Herzen blühten
und unsre Seelen
klingend sich berührten:

jetzt
jetzt und hier
ist Glück
ist Leben
ist ewige Gegenwart
die niemals endet.

Abend in St. Angelo

Das Mondlicht splittert in der Flut,
aus hellem Silbergrund
ragt schwarz der Fels.

Die Mauer
ist noch warm vom Tag
auf der wir sitzen.

Tief unter uns die Wellen
die auf dem Ufersande
sacht verrollen.

Behutsam kommen deine Worte
zu mir aus dem Dunkel,
baun eine Brücke zwischen uns
zart wie aus Sommerfäden.

Wird sie mich tragen
wenn ich tastend
meine Füße darauf setze
um zu dir zu gehen?

Oder wird sie brechen
und mich
ins Bodenlose stürzen lassen?
Vorsichtig hat das Leben mich gemacht
und leicht verletzlich.
Die Wunden heilen schwer
die Narben schmerzen lange.

Abwartend bleibe ich
und sehne mich
des Freundes Hand
zu fassen.

Monte Epomeo

Zu unsren Füßen Wälder, Gärten, Rebenhänge
und Felsenküsten
meeresblau umschlossen.

Rufende Schwalben schießen um den Gipfel
im Sonnenschein
blitzt stahlblau ihr Gefieder.

Wie leicht geht in der klaren Luft
der Atem ein und aus
es löst sich Trauer
Müdigkeit und Schmerz.

Ein glückliches Verweilen
unter hellem Himmel.
Der Insel kühlen, herben Wein
den bei der Rast der Wirt uns brachte
langsam kosten
ausruhn
und mit wachen Sinnen
in die Stille lauschen.

St. Angelo d´Ischia

Himmel und Meer
sind fugenlose Bläue
darauf unzählig
Sonnenfunken tanzen.

Die Arme breitend
durchqueren wir die Flut
und liegen auf besonnten Felsen.

Wie mich des Steines Wärme
sanft durchdringt
der milde Wind
die Nässe von der Haut nimmt
und Salzgeschmack darauf zurücklässt

geht mir des Himmels Leuchten
durch die geschlossnen Augenlider.

Ich weiß dich neben mir
die feuchten Wimpern
auf gebräunten Wangen
hör leise regelmäßig
deinen Atem.

Ich bin in Frieden
leicht
und wunschlos.

Solange ein Herzschlag in mir ist

Solange ein Herzschlag in mir ist
wird unaufhörlich wechseln
Schmerz und Freude
Verliern und Finden
Wiedersehn und Abschied.

Doch dieser Abschied will in mir nicht heilen.
Er schmerzt mich noch
wie eine offne Wunde
soviel schon Zeit darüber hingegangen.

Stumm spreche ich am Tag oft deinen Namen.
Lautlose Worte bleiben ohne Echo.
Auf mein Warum kommt keine Antwort.

Wohin auch meine Füße gehen –
sie möchten nur zu dir mich tragen.
Mit wem ich spreche, drängt es mich
von dir zu reden und nach dir zu fragen.
Und all mein Tun
ist Suchen nur nach dir.

Ungeduldig fiebernd

Ungeduldig fiebernd möchte
ich des Stromes Wasser schneller fließen machen
durch die Zeiten fliehen zu dem Tage
da sich unsre Hände wiederfinden.

Aber jeder Herzschlag
fordert seine Zeit.
Jeder Tag und jede Stunde
will gelebt sein.

Sieh die Bäume
wie gelassen sind sie
bis der rechte Stand der Sonne
ihres Laubs grünseidnen Schimmer
einst befreit aus dunkler Hülle
bis die Blüte sich dem Lichte öffnet
bis die Frucht gelangt zur Reife.

Lachend gaben wir beim Abschied uns die Hände

Lachend gaben wir beim Abschied uns die Hände
Glück uns wünschend für die Zukunft.
Ungewiss uns je noch zu begegnen.

Alles in mir ist noch gegenwärtig:
Deine Augen und der Nachhall deiner Worte
der mir immerfort im Ohr klingt.
Auf der Innenseite meiner Augenlider
sehe ich beständig dein Gesicht.

Suchend geh ich durch der Menschen Blicke.
Niemand sieht mich an mit deinen Augen
niemand spricht zu mir mit deiner Stimme
niemand der dein Lächeln hat.

Frühlingsregen tropft aus nackten Bäumen.
Pochend rinnt das Blut mir aus dem Herzen
und des Lebens tickende Sekunden
fallen
fallen
unaufhaltsam.

Festsaal

Musik, Geschrei, Gelächter, Gläserklirren –
bis an die hohe Decke füllen sie den Saal.
Von überall die lauten, wirren
Wortfetzen, und der Himmel wie Opal
hinter den schmalen, gotisch-hohen
Fenstern. Firmamente flammen,
Spätsommer-Abendröten lohen.
Jäh schlägt das Tosen über mir zusammen.

Ich flüchte mich hinaus. Die herbe Kühle,
die lautlos zwischen hohen Bäumen hängt
erquickt und tröstet. Und ich fühle
wie die Natur sich atmend an mich drängt.
Der alte Park liegt still, wie ohne Leben.
Es breiten ihre Zweige die Platanen
die wartend schon im nahen Herbststurm beben.
Zu meinen Füßen nachtschwarz ist der Weg zu ahnen.

Der Mond hängt reif und voll in den Kastanienzweigen –
Ihr werdet niemals brechen seinen Zauberbann!
Wer Ohren hat zu hören, wird sich neigen,
und alle Kreatur hebt ihm zu reden an.
Die Erde unter meinem Fuß beginnt zu singen.
Im alten Kreuzgang spüre ich Wehn
der Geister derer, die hier betend gingen,
und die jetzt liebend mir zur Seite gehn.

>>>

Vorbei an schimmernden Hortensienbeeten
führt mich der Weg zum steinernen Altan.
Neugierig bin ich, dort hinauf zu treten,
die Sandsteinstufen steige ich hinan.
Ich blicke in den Festsaal aus dem Dunkel:
Da dreht es sich im wilden Taumel-Tanz.
Ihr Toren, ihr seht nicht das Sterngefunkel,
ihr hört die Stille nicht im Mondesglanz.

Drei Schritte nur von hier nach drinnen,
ein dünnes Fensterglas trennt mich von euch:
doch euer kindisches Beginnen
verbannt euch in ein Schattenreich.
Das Leben suche ich, die Wahrheit,
der heilgen Schöpfung unzerstörbar Glück.
Dort leuchtet mir des Himmels reine Klarheit.
Und leise geh ich in den Park zurück.

***

54

Erkenntnis

gebunden in

Dankbarkeit

Erkenntnis

Weiße Haare, trübe Augen,
in den Füßen wütet Gicht –
die Gelenke wolln nix taugen.
Na, ne Zierde bin ich nicht.
    Aber hin und wieder fallen
    mir noch ein paar Verse ein,
    hoffend herzlich, dass sie allen
    mögen Spaß und Freude sein.
In den holden Jugendzeiten,
wie war alles hoffnungsgrün!
Meine Flügel wollt ich breiten,
mich erheben in die Weiten,
ja, das Leben sollte blühn!
    Alle Möglichkeiten offen,
    ohne Grenzen schien die Kraft,
    unerschöpflich eignes Hoffen,
    Liebe, Herz und Leidenschaft.
Aber oftmals kommt es anders
als am Anbeginn man plant.
Hindernisse, Stolpersteine
hab ich nicht vorausgeahnt.
    Anstatt kreativ – Routine.
    Die hat sich am End bewährt:
    Büroklammer, Schreibmaschine!
    Und die haben mich ernährt.
Doch mit Musica im Bunde,
(eine Freundin, treu wie Gold)
und in lieber Freundesrunde,
wird erheitert manche Stunde,
die man anders einst gewollt.
    Also munter, liebes Herze!
    Feiern wir des Lebens Fest!
    Singt und lacht und machet Scherze,
    weil es sich – trotz manchem Schmerze –
    mit Musik gut leben läßt

Aktenkundig

Ein Mensch der einen Antrag stellt,
gerät in eine eigne Welt.
Ab jetzt ist er ein Vorgang nur,
und nicht mehr Anteil der Natur.
Erstens kriegt er ein Aktenzeichen,
sonst ist er gar nicht zu erreichen.
    Dann werden Akten beigezogen,
    man füllt so manchen Fragebogen.
    Ein Gutachter hat gutzuachten
    zum 5., 6., 7., achten
    Mal. Und wenn wir dachten,
    dass wir nun alles richtig machten:
    O nein, man irrt, es fehlet doch
    vom Fach-Doktor ein Zeugnis noch.
Der Mensch denkt sich, man hält mich hin.
Die Personaldecke ist dünn,
der Amts-Mensch ist stark überlastet.
Und zudem wird nichts überhastet.
Nein, niemand trägt daran die Schuld.
Der Antragsteller übt Geduld.
    Fünf Monate als Minimum
    sind schon als Wartezeit herum.
    Darum erwartet man getrost,
    was uns der Amtsgang zugelost.
    Und fragt sich, was wird vorderhand,
    wenn ich den Aggregat-Zustand
    vom festen Körper in den Geist
    vertauschen können muss, das heißt:
Dass ich als leichtes Gas entfliehe,
der dies bezognen Erden-Mühe?
Ich werd, vom Ordnungssinn geprägt
alpha-numerisch abgelegt.

Beim Bürgeramt

Die Zeit enteilt in flottem Trab.
Sei hurtig, Krista, nicht geträumt,
denn bald läuft dein Berlin-Pass ab.
Ich hol den Ordner ungesäumt,
entnehme ihm gleich den Bescheid
bezüglich der Bedürftigkeit
    Nun hin zum Bürgeramt,
    bevor das Jahr vergangen
    um den bewußten Stempel zu erlangen.
Das Amt – es ist noch nicht zu spät –
ist offen, und am Tresen steht
die Frau vom Amt mit roten Löckchen
und runden, prallen Hamsterbäckchen.
    Ich trag ihr mein Anliegen vor.
    Die Dame scheint ganz Aug und Ohr.
    Sie blickt voll Würde und voll Miß-
    traun auf das Papier, das ich ihr wies.
Dann runzelt sie die Stirn ganz wichtig:
„Das Dokument ist doch nicht richtig.
Zwei Namen und EIN Ehepaar?
Das ist ein Irrtum ganz und gar!"
    „Madam, ich darf Sie korrigieren,
    denn heutzutage darf man führen
    den eignen Namen, trotz Verheiratung."
    Sie akzeptiert wohl meine Äußerung.

        >>>

Jedoch sie sieht zu weitrem Tadel Anlass:
Denn der Bescheid datiert vom Monat Julius,
und ist vier Wochen gültig nur, so dass
er nicht mehr gilt, so kurz vor Jahresschluss.
    Nun, sie ist gnädig, greift zum Telefon,
    um bei Frau Freundlich nachzufragen,
    ob alles richtig sei mit mir und meinem Aktenzeichen.
    Frau Freundlich aber ist im Urlaub schon
    und kehrt zurück in circa 14 Tagen.
    Mir bleibt nur – ungestempelt´ zu entweichen.
Ja, die Behördenmühlen wollen langsam mahlen,
und alles tut man mit Genauigkeit.
Es gelten Regeln, Daten, Zahlen.
Gegrüßt seist du, geliebte Weihnachtszeit.

        ***

An eine griesgrämige Freundin

Die Freundin Susi aus der Näh,
machte mir eben Visite.
Wenn ich in ihre Miene seh –
du liebe meine Güte!

Mundwinkel hängen niederwärts,
die Laune tief im Keller.
Das bricht mein Optimisten-Herz.
Ich lieb es etwas heller!

Ich starte einen Aufruf hier
an alle Pessimisten:
Sie würden sicher alle mir
zustimmen, wenn sie wüssten.

Dass ihre düstre Energie
die Umwelt ganz massiv verschmutzt,
und diese Belastung nimmer und nie
niemandem jemals etwas nutzt.

Ihr wollt doch keine Verschmutzer sein,
dafür sollte man euch heftig rügen!
Und gelingt euch kein strahlender Sonnenschein:
So kann auch ein Lächeln genügen.

***

Loblied auf den Rheumatismus

Liebhaber kommen, Galane gehen,
der Rheumatismus, er bleibet bestehen!
    Er ist ein sehr getreuer Freund,
    ausharrend und beständig,
    der es auch durchaus ehrlich meint,
    betreut mich eigenhändig!
Und Rheumatismus ist verlässlich,
wird treuer mir von Jahr zu Jahr,
mein Antlitz sei schön oder hässlich –
ihn stört das weder ganz noch gar.
    Ihn stör'n nicht Runzelhaut noch Falten
    nicht Hängebacken, graues Haar;
    die Treue hat er mir gehalten
    seit nunmehr über dreißig Jahr'!
So lange blieb noch keiner bei mir:
Den Einen nervt mein graues Haar,
dem Andern war ich zu poetisch,
der floh gleich über's Meer sogar
    Ein jeder fand doch was zu tadeln
    an mir, und was ich kann und bin.
    Es waren stets die andren Madeln
    meiner Persona vorzuziehen.
Doch Rheumatismus nun beglückt mich
mit Rosengaben mancherlei:
Ostèopo-, Neu- und Arth-Rosen,
damit mein Leben rosig sei!
    Die andren feiern Silberhochzeit,
    auch manches Jubelfest in Gold.
    Für diese Feiern hab ich noch Zeit.
    Mir bleibt der Rheumatismus hold.
Liebhaber kommen, Galane gehen –
Der Rheumatismus, er bleibet bestehen!

Dank an die Rheumaklinik Buch

Das Jahr ist neu, ich werd es auch.
Drum will ich Euch begrüßen
mit Versen, die nach altem Brauch
mir aus dem Herzen fließen.

Zum siebten Male bin ich nun
in Buchens Rheuma – Klinik.
Ihr gabt Euch Müh, mir wohl zu tun.
Sehr dankbar dafür bin ick!

Ich wurd massiert, gebadet und gewässert,
Am Schlingentisch erfuhr ich Schwerelosigkeit.
Kein Wunder, dass mein Leiden sich jetzt bessert,
und das in ziemlich kurzer Zeit.

Heim kehr ich fröhlich und mit frischem Mute.
Wie neu sind meine Schultern, Hände, Füße, Beine.
Ich sag von Herzen Dank für alles Gute.
Ein helles Jahr wünscht allen – Krista Heine.

Infectio bronchialis

    Der schöne, liebliche Advent
    Erwärmt nun unsre Herzen,
    Es tönen Lieder, die man kennt,
    Im Fenster leuchten Kerzen.

Man widmet sich der stillen Zeit,
die doch erbauen sollte,
mit mächtig viel Geschäftigkeit,
obwohl man´s gar nicht wollte.

    Die Tage kurz, die Sonne schwach,
    die Schwalben in der Ferne.
    Nur Spatz und Amsel auf dem Dach
    die weilen hier noch gerne.

Stattdessen wird man attackiert,
heimtückisch überfallen:
ein Husten hat sich einquartiert
und hält uns in den Krallen.

    Doch wart, dir kommen wir schon bei
    mit Knoblauch und mit Zwiebel!
    Ein heißes Fußbad noch dabei,
    das lindert manches Übel.

        >>>

Und weichen dann noch immer nicht
die Keime und Bazillen,
dann hilft vielleicht ein heißer Tee
von Eibisch und Kamillen.

        Der Husten quält auch weiterhin,
        die Nase ist verschlossen.
        Doch schließlich wird mit Aspirin
        der böse Feind beschossen.

Nun endlich hat man wieder Luft,
der Feind, er ist bezwungen.
Von dannen wankt der arge Schuft,
ein Sieg ist uns gelungen.

        Drum auf, mein altes Musenross,
        lass reimen uns aufs Neue,
        damit die heitre Weihnachtszeit
        uns recht von Herzen freue!

***

Abenteuer beim Doktor

Die Reha-Kur nach 21 Tagen
ist nun beendet, und ich fühl mich fein!
Wie neugeboren sozusagen!
Kaum in Berlin, schwillt mir das Bein.

Mein Doktor legt die Stirn in Falten
und überlegt: Was mag das sein?
Und schickt, um Klarheit zu erhalten
mich zum Kollegen Häberlein.

Und der Kollege unverzüglich,
macht von dem Bein die Sonografie.
Und sagt mir danach recht vergnüglich:
„KEINE Thrombose haben Sie."

Mit dem erfreulichen Befunde
eil ich zu meinem Doktor Breese.
Der ist erleichtert und zur Stunde
verordnet er mir Diurese.

Das heißt, ich muss das Bein entwässern,
um seinen Zustand zu verbessern.
Vor allem soll ich nicht vergessen,
täglich Beinumfang zu messen.

Ich bin nun ganz gewissenhaft
uns schlucke täglich meine Pillen.
Sechs Wochen später ist nicht geschafft,
die Schwellung in dem Bein zu stillen.

Mein Doktor Breese wiederum –
er ist um keinen Rat verlegen –
schickt mich zum Doktor Rundherum,
ich muss mich in die Röhre legen.

Dort werde ich sogleich beschallt
für zirka eine halbe Stunde
mit Rasseln, Knattern, Donnergrollen.
Es wird aus Schalles Urgewalt,
ein „Krach-Konzert" wenn wir so wollen.
Und mit erfreulichem Befunde!

Der Chefarzt tritt zur Tür herein,
mein Bein in Augenschein zu nehmen.
„Das ist kein Wasser in dem Bein!
Das ist die Folge von Ödemen!
Ein Lymph-Stau ist das."
                      Also muss –
so folgt daraus dieser Schluss,
das dicke, angeschwollne Bein
auf andre Art behandelt sein.

Gleich schau ich nach im Lexikon
von Wikipedia, welche Freude!
Hurra, da steht die Lösung schon!
Und so beschließe ich noch heute,
mein Doktor soll verschreiben mir
Lymph-Drainage – darum bin ich hier.

So werde ich jetzt ' lymph-drainiert'
von Meister John mit sanften Händen,
solang bis alles funktioniert,
und die Beschwerden werden enden.

So endet für mich eine lange Zeit
der Schmerzen, Ungewissheit und Beschwerden.
Ich bin von Herzen voller Dankbarkeit!
Nun kann für mich auch endlich Frühling werden.

Es grüßt Sie alle die weißhaarige, kleine
sehr dankbare Patientin – Krista Heine.

Als Dankeschön an Euch, zu meinem Achtzigsten!

Die Feste sollst du feiern, wie sie fallen.
Mein Wiegenfest war wieder im April.
Ihr kamt zum Feiern, und ich dank euch allen,
weshalb ich euch dazu was dichten will.

Zu diesem wunderschönen Feste
lud ich euch, meine Liebsten, alle ein:
jedoch ist für die volle Zahl der Gäste
die Wohnung – und der Tisch darin – zu klein.

Doch eine Lösung findet sich zuweilen,
da gibt es gar nicht viel zu fragen:
Man muss den Festtag eben teilen
und feiern an ZWEI Ehrentagen!

Der erste ist am achten des Aprilis
so steht`s im Dokument vom Standesamt.
Einst war`s der Ostersamstag, wie das Schicksal will es
Darum der zweite Tag, da Ihr als Gäste kamt!

Und siehe da, man wünscht mir zwiefach Glück & Segen
Zwiefach Geschenke, gute Wünsche, Liebesgaben.
(Es wär doch schön, könnt man deswegen
zweimal im Jahr Geburtstag haben!)

Von Burkhard und von Eva gab es Hängeschränke
(frisch von Ikea als Ersatz des alten Möbelstücks),
das sind mir hochwillkommene Geschenke,
denn ohne Hängeschrank nutzt eine Küche nix!

Jedoch die Möbel nicht allein,
nein, angeschraubt wurd alles fein:
Mit Dübeln, Winkeln, Bohrmaschine,
professionell, nach Maß, so wie es soll!

Die Krista strahlt mit froher Miene!
Und ist vergnügt, das Herze voll
von Dankbarkeit, so riesenhaft
weil ihr mir so viel Freude schafft!

Von Frigga und Brigitte gab es Pflanzen,
den Balkon zu schmücken,
damit es bei mir üppig grünt und blüht.
Da schwelgt der Blumenfreundin Herz ganz in Entzücken
sobald sie Flora's Kinder strahlen sieht!

Am Festtag Nummer zwei (dem Ostermontag –
dieweil Kusine Monika noch fern war von Berlin)
erfreuten wir uns wiederum – so gut wie Samstag –
an meinem Fest, worüber ich sehr glücklich bin!

Ihr Annelies und Wolfgang, lieben Beide
habt ganz besonders mich beglückt:
das Buch mit meinen Versen macht mir Freude,
es hat das Fest so recht geschmückt!

So schön gebunden, fein in grünes Leder,
mit Goldschrift auf dem Titel, welche Zier.
Wie kostbar ist es, und das sieht gleich jeder.
Welch große Freude macht ihr mir!

Du, Monika, bringst einen Barren aus gediegnem Gold!
Jetzt bin ich reich bis an das Ende meiner Tage,
reich durch die Liebe und die Freundschaft hold –
das Kostbarste auf Erden, wie ich sage.

Ja eure Liebe, eure Freundschaft lässt mich leben,
erwärmt das Herz mir, macht mich froh und leicht.
So mag es noch viel heitre Tage miteinander geben,
dass deren Helligkeit unendlich reicht.

Zum Geburtstag

Ach, ich bringe keine Gabe,
keine Kerze, kein Geschenk.
Aber für geist'ge Labe
sei Dir dieses eingedenk:

Liebe, Freundschaft, sich Besinnen
auf so manches gute Wort,
auch ein heiteres Erinnern
an die Zeiten, an den Ort,

da wir jung und fröhlich waren,
voll Erwartung, hoffnungsvoll,
und da wir die Welt erfahren
wollten – heiter, ohne Groll!

Manche Träume sind vergangen,
schnell dahin, wie Schaum im Wind –
wollten wir das Glück einfangen,
vorwärts stürmen voll Verlangen,
wie wir in der Jugend sind?

Ach, ich werde Dir nichts bringen,
das vergehn und welken mag.
Doch ein Lied will ich Dir singen
zum Gedenken an den Tag.

Liebe Freundin, keine Blumen
und auch Süßes bring ich nicht,.
Aber alle meine Liebe
gehet ein in dies Gedicht.

Lieben Freunden ins Gästebuch

Wie schön ist, sich zu zweit, zu Dreien
mit guten Freunden zu erfreuen
an allem, was des Freuens wert,
das liebe Leben uns beschert:

Gesundheit, Trank und gutes Essen,
Gespräch voll Ernst und Heiterkeit –
ein schönes Heim, nicht zu vergessen,
und wie im Nu entfloh die Zeit.

Der Sommer sagte nun Adé
und zog davon – kein Grund zum Grämen.
Wir wollen ohne Trennungs-Weh
des Sommers Freude mit uns nehmen.

Die Freude wärmt uns, macht uns froh,
erfüllt das Herz mit Dankbarkeit.
Wir sind vergnügt und feiern so
die wunderschöne Herbstes-Zeit.

Erinnerung

&

Abschied

Immer wieder Abschied nehmen

Immer wieder Abschied nehmen
bis allmählich
unerreichbar sind all jene
die dem Herzen nahe waren.

Briefe kommen hin und wieder:
Grüße
Fragen, welche Antwort fordern –
aber selten

Und ich kann nichts tun
als Herz und Hände öffnen
alles was nicht bleiben will
zu lassen
jeden
der mir Lebewohl sagt, grüßen
lächelnd
Glück ihm auf dem Wege wünschend.

Jeder nimmt ein kleines Stück
meines Herzens mit sich fort.
Eine Wunde
wie von einer feinen Nadel
unsichtbar
doch deutlich spürbar
bleibt im Innern
mir zurück.

Des Sommers volle Akkorde

Des Sommers volle Akkorde verklangen.
Die Vögel verstummt,
die leuchtenden Farben vergangen.
Geerntet die Frucht,
das wallende Korn geschnitten.
Was ich so innig gesucht,
ist leis mir aus den Händen geglitten.

Ich säte auf steinigem Grunde,
es wuchs nicht Halm noch Baum.
Wortlos mein Mund.
In mir hat Freude nicht Raum.
Die keimende Hoffnung verdorrt,
zerflattert wie Laub.
Einst
muss ich Rechenschaft geben.
Was bleibt
außer Asche und Staub?

Inneres Licht

Unsicher, doch in guter Absicht
hast du den harten Pfad gewählt,
der leidvoll war
und dich in Einsamkeit
und Schmerz geführt.

Im Leben gibt es kein zurück,
nur vorwärts gehen, weiter suchen,
dem inn´ren Lichte nach.

Denn wenn der rechten Richtung
du bewusst dir bist,
Zutrauen und Hoffnung nicht verlierst,
wirst endlich doch das Dunkel
du durchschritten haben,
und hell und sichtbar liegt der Pfad
dann vor dir.

Gedenken an einen Freund

Drei Tage

Drei Tage vom Himmel uns gegeben
die niemals wiederkehrn in allen Zeiten
traumhaft gewebt aus Zärtlichkeit und Wehmut,
Nichts gilt als diese Gegenwart für dich und mich.

Kommt leise nun der Abend und die Nacht –
nichts kann uns diese Stunden nehmen

niemand sie ungeschehen machen:
die Worte, die wir zueinander sprachen
dein Atem nahe meinem Ohr

dein Herzschlag dicht an meinem Herzen –
sie bleiben unverlierbar dir und mir
einst mit dem letzten Atem
sacht verklingend.

Für Dorothea S.

Ein klares, schön geschnittenes Profil,
hellblaue Augen unter blonden Wimpern,
das reiche Haar
im Nacken fest geknotet.

Es lebt das Antlitz
eines heitren kleinen Mädchens
in diesem ernsten Frauenangesicht.
Kind einer betrogenen Generation:
Die Väter, Brüder, Freunde
fraß der Krieg,
der diene Jugend grausam überschattet.

Durch Hungersnot, Verfolgung, Feuersbrunst,
durch Winterkälte, Flucht und Krankheit
bist du gegangen
und hast dem Tod
ins Angesicht geschaut.

Tief sind die Wunden
die der Krieg dir schlug.
Und dennoch bist du ungebrochen.

Reinheit und Güte
strahlen deine Züge.
Und Liebe wärmt wie Sonnenlicht
die Menschen
die dir anvertraut sind.

***

Für einen Freund – Jeder Abschied

Jeder Abschied
ist ein wenig Sterben.
Als wir uns, Freund,
die Hände jüngst
zum Lebewohl gereicht,
da wusst ich nicht,
dass es für dieses Mal
endgültig würde sein.

Vielleicht hast du´s geahnt:
Es lächelte dein Mund,,
doch deine Augen blickten ernst,
als du zum Gruß
die Hand noch einmal hobst.

Nun bist du
durch das dunkle Tor gegangen,
und die Erinnerung an unsre Tage,
unsre Stunden
sie gleiten lautlos schimmernd
wie Perlen eines Rosenkranzes
durch meine Blicke
die nach innen schauen.

>>>

In leisem Moll-Akkord bebt meine Seele,
wie Saiten einer Laute, daran
der Herbstwind sacht gerührt,
gedenk ich deiner Worte
deiner Hände
und deiner Augen,
die so viel gesehen.

In bläulich-violetter Dämmerung
des dufterfüllten, lauen Sommerabends
der Kerzenflamme stilles Leuchten:
dir zum Gedenken,
als Gruß,
als Zeichen
unsrer Freundschaft
und als Dank.

***

Gedenken an Ingeborg B.

Augen – unwirklich blau,
wie Sommerglockenblumen,
seidig-hellbraune Haut
auf Schlüsselbein und Wangen,
durchsichtig-zart,
den Blütenblättern wilder Rosen gleich,
die schmalen Hände auf der Sessellehne.

Leis redet von der Kindheit sie im Forsthaus,
Wie liebte sie den Wald, wo sie letzthin
Frühlings-Anemonen gesucht
mit dem kleinen Sohn, hellhaarig wie sie,
und Pilze im Sommer.
Schreib es auf für dein Kind!

Heimtückisch-grausame Krankheit
verzehrt die Kraft ihres Leibes,
die Zeit rinnt unerbittlich,
diesen Mai und ihr Leben zu enden.

Rote und weiße Blumen
zwischen grünem Gefieder des Farns
über dem braunen Holz des Sarges.

>>>

Die Mutter fassungslos trauernd
das Kind in hilflosen Tränen
stumm von Schmerz der Mann
da Erde zu Erde
Asche zu Asche
Staub zu Staub
wird gegeben.

Oben im hohen, weiß-blauen Himmel
schwebt tausendfältiges Vogellied,
durchschrillt vom Schrei der Mauersegler.
Erste Heckenrosen leuchten am Wegrand,
unzählig die weißgoldnen Sterne der Margeriten,
darüber der Duft blühenden Korns,
wie nach frischem Brot
und die betäubende Süße von Klee.

Unerschöpfliche Fülle des Lebens –
warum ist von diesem Überfluss
nicht ein Stück übrig für sie?

***

Auf der Straße

Auf der Straße Alltagslärm, Getöse.
Wartend lehnen an der Mauerecke
drei Gestalten, bärtig, dunkeläugig.
Fern das Land, da sie als Kinder spielten
und die Sonne die Gesichter bräunte.

Singt ein Lied der eine, voller Sehnsucht,
leise mit verhaltner Stimme.
Fremd sind Worte mir und Weise.
Doch der Klang dringt tief mir in die Seele.

Arbeit, Lohn und Brot habt ihr gefunden,
fremde Brüder.
Unerreichbar ist die Heimat,
die euch hungern lehrte.
Tief in euren Herzen lebt sie weiter,
klingt nur fort in euren Liedern.

***

Am Totenbett des Vaters

Das Endliche hast du getan
unwiderruflich
fiel die Tür ins Schloss.
Wir stehen wie betäubt
sehn das Vergängliche
fast wesenlos dort
unterm weißen Tuch.

Dein Lächeln blieb:
Vom Irdischen befreit
strahlt Friede
von deinen
wie im Schlummer
leicht geschlossenen Augenlidern
und Hoheit von der Stirn
um die des Haares
mattes Silber schimmert.

***

Am Sterbebett der Mutter

Getragen hast du mich, geboren
genährt und schützend mich
in deinem Arm gehalten.
Wie war es gut und warm an deiner Brust
wenn du erzähltest
oder Lieder mir gesungen.

Jetzt bin ich groß –
und du so hilflos klein,
und ich kann dir nicht helfen
noch dich schützen.

Ich kann nur halten
deine heiße, schlaffe Hand,
mit dir die letzten Augenblicke teilen
bis an das dunkle Tor,
aus dem noch niemand wiederkehrte.

Dein Sein verging – wohin?
Und aus mir weint es
unaufhaltsam.

***

pro musica

@

Shakespeare

Ich singe – also bin ich

Der Philosoph Cartesius,
der dachte scharf und sinnig,
und kam am Ende zu dem Schluss:
Ich denke, also bin ich.

O großer Philosophicus,
das Denken reicht nicht aus:
Besingen wollen wir die Welt,
in der wir hier zu Haus.

Die Welt ist Harmonie und Klang,
draus folgern wir ganz innig:
Frau Musica hat ersten Rang.
Ich singe – also bin ich.

Zum Sommerfest für pro musica

Bei Fröhlichkeit und Sommerhauch,
da will ich euch begrüßen
in Versen, die nach altem Brauch
mir aus dem Herzen fließen.
    Der Sommer fing mit Regen an,
    das soll uns nicht verdrießen!
    Bei Harmonie und Wohlklang kann
    man jedes Fest genießen.

Wir haben mancherlei geschafft –
und sieh, die Mühe lohnt es!
Denn Christian hat mit Fleiß und Kraft
(wie uns das Sängerherze lacht!)
viel neue Lieder beigebracht,
vor allem Ungewohntes.
    Er gab sich riesengroße Müh`
    in Rheinsberg auf den Proben:
    Mit Bällen, Schwung und Phantasie
    und mit Geduld – die fehlte nie –
    übt er mit uns Synkopen.

>>>

Da seufzet manches Sängerherz,
es stöhnt so manche Sängerin:
„Wie schwer ist das" – und rückenwärts
verliert man sich in Nostalgien.
    Doch frisch, ihr Sänger, Sängerinnen!
    Wir treten nie am gleichen Fleck.
    Auf, lasset Neues uns beginnen
    und lasst die Stimmen kräftig klingen!
    Singt alle Schwierigkeiten weg.

Frisch auf zu neuen Rhythmen, neuen Harmonien!
Mit neuen Liedern wird das Publikum begeistert!
Vergrößert unsre Fan-Gemeinde in Berlin!
Ein Dank an Christian, wie er alles meistert!
    Wir wollen den Zusammenhalt erneuern,
    die Stimmen stärken groß und klein!
    Lasst uns den Sommer miteinander feiern,
    lasst uns von Herzen fröhlich sein!

***

Sehnsucht nach pro musica

Ich sehne mich, ich sehne mich
so nach pro musica.
Ach weene nich, ach weene nich,
der Mai ist endlich da!

Wir sind ja alle alt genug
und haben unsre Impfe:
Die Hoffnung kann nicht ferne sein,
so macht euch auf die Strümpfe.

Der Frühling lässt die Bäume blühn,
nun übt die Stimmen fein.
Bald endet Lock down in Berlin,
drum lasst uns fröhlich sein!

***

Für das Trio Tinitus

Drei, musikbesessen, jung –
Christian, Cerstin, Franz –
Feuer der Begeisterung
füllt Euch gar und ganz
durch die Liebe zur Musik.
Stimmen stark und rein.
Eure Freude wärmt auch uns
bis ins Herz hinein.

Von Frau Musica beseelt –
Wie die Stimmen klingen!
Eure Liebe, Euer Lied
können uns verjüngen.

Singt, solang die Stimme klar
hier und jetzt und heute.
Schenke Euch Frau Musica
und auch uns noch manches Jahr
wahre Lebensfreude.

Wichtig, wenn man nie vergisst,
dass Musica unsterblich ist.

Orgelkonzert

In der sparsam ausgemalten
kerzenhellen alten Kirche –
Wind saust hart um ihre Mauerecken
und der Turm blickt weit aufs Meer –
sitzen Arm an Arm auf schmalen Bänken
unsrer viele, wartend auf den Organisten.

Schlank und schwarzgekleidet
kommt er in die Kirche,
dunkelhaarig, schmalgesichtig.
Zu den hoch gewandten,
lauschenden Gesichtern
spricht er vom Geschick,
das ihn hierher geleitet,
und wie aus der Unterdrückung
er durch Feuer gleichsam
und durch Wasser
mit den Seinen sei gegangen
in die Freiheit.

Dankbarkeit und Freude hofft er
durch sein Orgelspiel uns mitzuteilen.
Haben wir nicht oft verlernt zu danken
für all das,
was scheinbar selbstverständlich
und wie Licht und Luft umgibt uns täglich?
Kraftvoll fängt die Orgel an zu klingen.
Aus Akkorden formt sich eine Bach`sche Fuge,
füllt das Schiff der Kirche bis zur Decke
und tönt fort bis in Unendlichkeiten.

Rheinsberg 2018

Am Montag geht's nach Rheinsberg hin –
Ich wär so gern dabei!
So recht wie immer mittendrin.
Aprillen oder Mai.
        Ob noch die Götterbilder weit
        und breit im Schlosspark stehn,
        bereits vom Winterschutz befreit?
        Das würd ich gerne sehn!
Und ob die Blumenbeete gar
erblühen schon in Pracht?
Vielleicht ist es auch sternenklar
in mancher kalten Nacht.
        Der See liegt ruhig, sanft und glatt,
        von lichtem Wald umsäumt.
        Wer diesen Platz erwählet hat,
        hat sicher gern geträumt.
So wünsche ich mir immerzu
ein Plätzchen schlicht und schön,
wo Herz und Seele ganz in Ruh
friedvoll spazieren gehen.
        Die Schwäne ziehen ihre Bahn
        die Enten brüten schon.
        Ganz frühe hebt zu klingen an
        der Vogellieder Ton.
Und traulich aus dem Probensaal
ertönet Chorgesang.
Bei Musik und Piano-Schall
wird uns die Zeit nicht lang.
        Ihr Freunde, probt nun wiederum
        für das Konzert im Mai!
        Ich sitze dann im Publikum
        und lausche gern dabei!

***

Nach dem Gesang

Meine Verse sind erklungen
nach Musik, die Christian schrieb.
Und der Chor hat schön gesungen.
Die Erinn`rung ist mir lieb.

Soll ich deshalb nun polieren
den Glorienschein und aufs Podest?
Und im Festgewand posieren –
gar für ein Poeten-Fest?

Ob ich stolz sei? Hör ich fragen.
Freunde, nein, das bin ich nicht.
Doch die Freude wird mich tragen,
jetzt und auch in fernen Tagen
an dem witzigen Gedicht,

an der Melodie und Weise,
die uns Christian komponiert,
und die hoffentlich noch lange
hier im Chor erklingen wird.

***

Shakespeare`s Magie
„shake-takel" im Schöneberger Südgelände Juni 2017

Wie Duft von wilden Rosen, zart, unvergänglich –
am Ende eines hellen Tages schon verweht,
wenn tief im Westen ganz allmählich
der letzte Abendschein vergeht,
wenn des Holunders blasse Blütendolden
im grünen Dämmer magisch leuchten –
ein letztes Vogellied verklingt, die Wolken schimmern golden,
flüchtige Regenschauer Stirn und Wange feuchten –

liebkosend mild wie Mutters Hand, wenn sie uns trösten wollte –
der linde Abendwind spielt dir im Haar –
dies ist, was niemand je vergessen sollte –
der Widerschein des Märchens, das man einmal war.
Wenn zarte Elfen uns am Tor zum Park begrüßen,,
wenn uns die schönen Kinder mit belaubten Zweigen,
– so schwebend leicht auf jugendlichen Füßen –
fort aus realer Welt den Weg uns zeigen
ins Reich von Traum und Märchenwirklichkeiten
–wie grün und frisch der junge Sommer ist! –

dann wirst du wieder Kind, das du einmal gewesen,
das unerschrockene, das du noch immer bist –
imstande jeden schweren Bann zu lösen,
voll Hoffnung, Liebe, Neugier, Selbstvertrauen,
das ohne Furcht entgegentritt der Macht des Bösen,
bereit die Welt ganz neu und schöner aufzubauen.

Geführt von heitren, freundlichen Gestalten,
den Feen – aus dem Land der Fantasie gesendet,
betreten wir die Gegenwart, die immer IST,
das Reich der Liebe, die sich unbegrenzt verschwendet –
das ewige ICH BIN, das niemals endet,
und dessen Teil du selber ewig bist.

Longing for Shakespeare's Open Air Theatre

Ich sehne mich, ich sehne mich
nach Shakespeare's Companie.
Ach weene nich, ach weene nich.
Noch tobt die Pandemie.

Man hofft, dass sie bald ganz und gar
ein Ende nehmen werde.
Sie wütet mehr schon als ein Jahr
auf unsrer schönen Erde.

Und alle sehnen wir uns so
nach Shakespeare's Wort und Spielen.
Auf dem Südgelände? Anderswo?
Wer weiß, wohin soll's zielen?

Der Dichter sagt, dem Mimen flicht
die Nachwelt keine Kränze.
Uns interessiert das Jetzt – und nicht
die ferne, ferne Grenze.

Wir wollen euch wieder agieren sehn
und spielen und tanzen und lachen.
Auch zu neuen Inszenierungen gehn,
die uns Vergnügen machen.

Wir wollen mit Freunden uns wieder erfreun
an Sir William's Weisheit und Güte.
Und weinen und lachen und angerührt sein
von Shakespeare's zeitloser Blüte.

***Leitsatz
der
Autorin***

...und es ist ein guter Tag...

Schön bist du Erde

Schön bist du Erde
wenn Wolkenschatten
über dein Gesicht gehen.
Wenn Sommerwind dein Grashaar kämmt,
in sanfter Dünung
das reife Kornfeld wogt.
Im Gehen liebkosen dich
meine nackten Füße
ewige Mutter.

Viel Schönheit trägst du
und viel Leid,
das ohne Not
der Mensch den Menschen bereitet.
Du trinkst das Blut der Gemordeten,
Winde tragen den Schrei
der Gequälten fort.
In deinen Schoß
nimmst du sie wieder auf.

Müsstest du von allem Leid
nicht so schwer werden,
dass du aus deiner Bahn gleitest?
Doch für uns Sterbliche
hörst du nicht auf
im Gleichmaß zu schweben
nach Gesetzen ewiger Harmonie
im Kreise zu schwingen
blauer Planet
Staubkorn im All.

Spur meiner Füße im Sand

Spur meiner Füße im Sand:
von Brandung aufgesogen
gelöscht vom Wind.

Klang meiner Stimme im Sturm:
vergehend
im Sang des Meeres.

Niemand weiß
woher der Wind kommt
wohin der Sand geht.

Mein Leib wird Staub sein.
Doch Liebe
ist unvergänglich
und ewig tönt das Lied
von Wind und See.

Im Wald

Durch das Sonnengrün und Silber
eines sommerlichen Buchenwaldes,
über den besonnten Steig
trabt ein Pferdchen mir entgegen.
Moos und Humus dämpft
den Laut der Hufe.

Und im Sattel,
knabenschmal und zierlich,
noch ein Kind beinah –
ein junges Mädchen.

Die da reitet
ist Gestalt gewordne Anmut
ist der Jugend, Heiterkeit
und Schönheit Sinnbild.

Auf und ab im Takt des Reitens
weht das schwere Haar von ihren Schultern.
Freudig leuchten ihre Augen.
Lächelnd grüßt sie im Vorüberfliegen.
Und es ist ein guter Tag.

Flötenlied

Eine Weise, die ich gestern Abend
mir zur Muße auf der Flöte spielte –
weiß nicht, wer sie sich ersonnen,
wer danach getanzt, wer sie gesungen –
will mir nicht aus dem Gedächtnis.

Unablässig höre ich sie klingen.
Leise summe ich sie bei der Arbeit.
Heiter macht sie mich.
In ihrem Rhythmus
schwingen alle Zellen meines Körpers.
Und es ist ein guter Tag

Morgen

Morgen flammt am hohen Himmel
spiegelt sich in blanken Fenstern
hinter denen Menschen
helfend, dienend tätig sind für andre.

Wolken leuchten, voll von Licht gesogen,
aus dem Glas der obren Fensterreihe.
Aus der Helle
schaut ein Antlitz ernst und gütig
nur für einen Augenblick
zu mir herunter.

Freudig gehe ich an meine Arbeit.
Und es ist ein guter Tag.

Sommertag

Durch den Duft des frühen Sommers
kommt die junge Frau des Wegs geschritten,
stolz und frei wie eine Fürstin,
an der Hand das Kind.

Emsig setzt das Kind die kleinen Füße,
seine Stimme hell wie Vogelzwitschern,
fragt und plaudert viele Dinge.
Und die Mutter gibt ihm Antwort.

Abseits stehe ich, betroffen
von der Anmut der Erscheinung.
Liebe leuchtet aus den Blicken,
und es weht ein Hauch von Segen
um die Beiden.

Sacht im Sommerwinde neigen
blütenschwere Zweige sich und Halme.
Und es ist ein guter Tag.

Sommermittag

Leuchtend heller Sommermittag.
In der schattig engen Gasse
sitzen auf der ausgetretnen Haustürschwelle
mit gebeugtem Kopf zwei kleine Mädchen,
ihre Puppen auf dem Schoß.

Sind mit Handarbeit beschäftigt.
Röckchen stricken sie von bunter Wolle,
schwatzen dabei ernsthaft und verständig,
so wie zwei erfahrne Mütter.

Da ich eilig dort vorübergehe,
blickt die Eine zu mir auf
und ein Lächeln ist in ihren Augen –
wissend voller Nachsicht,
das ich mit mir nehme.
Und es ist ein guter Tag.

Markttag

Als ich heute Früchte kaufe
bei der Marktfrau
und Gemüse,
rot und gelbe Äpfel,
straffe Möhren,
erdige Kartoffeln,

dazu einen Strauß von Astern –
kupferglühend,

legt die Frau
mir lächelnd
eine Rose auf den Korb,

wie ein Tropfen Blut
in dunklem Grün.

Und es ist ein guter Tag!

Für alle meine Schutzengel

Wo bei andern alles flutscht,
wo das Leben wie am Schnürchen läuft,
war´n bei mir die Wege häufig steinig,
und an mancher Katastrophe bin ich
gerade so vorbei gerutscht...

Welche gute Fee mag da gewaltet haben,
die so oft das Äußerste verhindert hat?
Welche Engel voller Tatkraft, Liebe, Umsicht,
gaben Schutz und Kraft in mancher dunklen Stunde?

Ach, das waren keine höheren Wesen,
keine Lichtgestalten, fern und unnahbar:
sondern liebe Freunde, väterliche, mütterliche
und geschwisterliche,
die mein Leben mir mit Licht erfüllten,
die mit mir des Abends musizierten:
Paul auf seiner Geige, Frieda auf der Flöte,
Krista auf der Bratsche,
und das Hündchen Murkel schlummerte zufrieden.

Freundin Gertrud, noch mit mehr als achtzig
glühend vor Begeisterung, Leidenschaft und Feuer:
Manche schöne Lieder sangen wir zusammen,
und sie spielte das Klavier dazu,
hätte mich am Ende auch noch im Klavierspiel unterrichtet,
wenn ich länger dort geblieben wäre...
Nicht vergessen seien all die lieben, guten Freundinnen aus
Jugendzeiten, die mir Treue hielten, all die langen Jahre.
Manches gute Gespräch war da geführt, viele Briefe wurden
ausgetauscht, und am Ende sind wir alle alt geworden.

>>>

Monika, Marianne, meine lieben Basen,
ach, wir hatten viele gute Stunden,
haben ausgetauscht uns ernst und heiter,
und ihr habt mir Trost gesprochen
als ich in der Klinik lag in Quarantäne.

Nicht vergessen sei mein lieber Bruder:
Der mir Schutz und Unterstützung vielerlei gewährte; der mir
auch zwei „schöne Schwestern" (so nennt`s der Franzose)
und zwei liebe Nichten und zwei wohl geratne
Enkelsöhne schenkte.

Und Ihr habt mich eingeschlossen, Burkhard und auch Eva,
fest in Euren Freundeskreis, wo sich neue Welten mir eröffnet
haben... Jeder Mensch ist doch ein ganzes Universum,
das erkundet man nicht ganz in einem Leben.

Alle wart Ihr meine Engel, die mein langes Leben treu begleitet
haben, seid es noch, dafür ich Euch von Herzen danke.
Euch verdank` ich, dass die vielen Worte
der Propheten meines Lebenslaufs sich NICHT verwirklicht
haben, nämlich dass das Unheil stets an meiner Seite gehe,
solches Unheil wie das Meine könne doch nur mir passieren...

Diese Worte sind nicht wahr geworden,
die Propheten sprachen nicht das Rechte.

Und ich bin so reich beschenkt von Eurer Freundschaft,
Eurer Liebe, Eurer lebenslangen Treue, dass der Schutz mich
ganz gewiss in Zukunft stets begleiten wird.

Dieses Wort des Dankes sag ich Euch,
und ich wünsche mir, dass es noch manche Jahre geben möge,
manche schönen Feste, die wir miteinander feiern werden.
Und die Liebe und die Freundschaft mögen uns begleiten,
immer, immer . . . Und wir wolln im Herzen sie bewahren!

Autorin
Krista Heine:

ich über mich . . .
Schon in früher Kindheit habe ich gerne gemalt und gezeichnet. Sobald ich schreiben konnte, kam die gelegentliche Verfassung von „Gedichten" und gereimten, bebilderten Erzählungen dazu...

Da ich als als begabte Schülerin galt, schickten mich die Eltern aufs Gymnasium. Dort habe ich mich sieben Jahre lang mit Mathematik und Latein geplagt – Deutsch und die musischen Fächer lagen mir mehr.

Die Ausbildung zur Grafikerin war eine fruchtbare Zeit. Die Berufstätigkeit brachte mir jedoch nicht die erhoffte Erfüllung. Schließlich verließ ich meine Geburtsstadt und suchte mir einen neuen Wirkungskreis.

Gerne hätte ich eine eigene Familie gehabt. So hielt ich Ausschau nach einem Partner auf 'passender Wellenlänge', aber das war schwerer als gedacht.

Dann folgten Jahre des Exils nach innen. Auf Wanderungen durch das wunderbare hessische Bergland, auf Reisen ans Mittelmeer, durch Beschäftigung mit Musik und bildender Kunst erlebte ich eine kreative und sehr beglückende Zeit.

In losen Briefkontakten zu Angehörigen und Freundinnen in Berlin versuchte ich, meine Erlebnisse zu verarbeiten, es entstanden die ersten Gedichte.

Eine Berliner Freundin riet mir, diese zu veröffentlichen; sie seien für die Schublade zu schade. 1982 fand sich ein Verlag, der den kleinen Gedichtband „*... und es ist ein guter Tag*" herausbrachte, den ich damals mit eigenen Grafiken und Skizzen versah.

Möge mein neuer Gedichtband nach fast 40 Jahren auch die inneren Saiten meiner Leserinnen und Leser zum Schwingen bringen, denn...

diese Gedichte in Lyrik und Prosa sind meine:

Liebeserklärungen

an das

Leben

K. H.

Inhaltsverzeichnis

5	*Vorwort*
8	*Alles im Leben hat seine Zeit*
9	*Mittagshöhe des Lebens*
10	*Erinnerung an einen lieben Besuch*
12	*Lenz in Treptow*
14	*Sommer im Park*
15	*Der Sommer ging*
16	*Herbst*
17	*Oktober*
18	*November*
19	*Für Annelies*
20	*Zu Ostern*
21	*Ostern 2021 mit Uwe + Marion*
22	*Heimkehr aus der Fremde*
23	*Hymne an meine Heimstatt*
26	*Kindererziehung oder Das Lied vom Außenseiter*
28	*Lebenslauf*
30	*Der Buchfink – Kriegswinter 1944*
31	*Wenn leis der Abendwind*
32	*Bis nichts mehr schmerzt*
34	*Zum Geburtstag für meinen Bruder (1944)*
36	*Sommererinnerungen – für meinen Bruder*
39	*Für meinen Bruder, Mai 2021*

42	*Für eines Herzschlags Dauer*
43	*Tanz*
44	*Augenblick*
45	*Isola d`Ischia*
46	*Abend in St. Angelo*
47	*Monte Epomeo*
48	*St. Angelo d`Ischia*
49	*Solange ein Herzschlag in mir ist*
50	*Ungeduldig fiebernd*
51	*Lachend gaben wir beim Abschied uns die Hände*
52	*Festsaal*
56	*Erkenntnis*
57	*Aktenkundig*
58	*Beim Bürgeramt*
60	*An eine griesgrämige Freundin*
61	*Loblied auf den Rheumatismus*
62	*Dank an die Rheumaklinik Buch*
63	*Infectio bronchialis*
65	*Abenteuer beim Doktor*
67	*Als Dankeschön an Euch, zu meinem Achtzigsten!*
69	*Zum Geburtstag*
70	*Lieben Freunden ins Gästebuch*
72	*Immer wieder Abschied nehmen*
73	*Des Sommers volle Akkorde*
74	*Inneres Licht*
75	*Gedenken an einen Freund*
76	*Für Dorothea S.*
77	*Für einen Freund – Jeder Abschied*
79	*Gedenken an Ingeborg B.*
81	*Auf der Straße*
82	*Am Totenbett des Vaters*
83	*Am Sterbebett der Mutter*

86	*Ich singe – also bin ich*
87	*Zum Sommerfest für pro musica*
89	*Sehnsucht nach pro musica*
90	*Für das Trio Tinitus*
91	*Orgelkonzert*
92	*Rheinsberg 2018*
93	*Nach dem Gesang*
94	*Shakespeare`s Magie*
95	*Longing for Shakespeare`s Open Air Theatre*
98	*Schön bist du Erde*
99	*Spur meiner Füße im Sand*
100	*Im Wald*
101	*Flötenlied*
102	*Morgen*
103	*Sommertag*
104	*Sommermittag*
105	*Markttag*
107	*Für alle meine Schutzengel*
110	*ich über mich – Krista Heine*